AF451951

LETTRE

DE M. DE SAINTFOIX;

Au sujet de l'homme au Masque de fer.

Lettre a l'auteur des feuilles de l'année littéraire. 1768.

Lettre 13. p. 251 [illegible] au marquis de feu.

Monsieur

Comme il paroit par la lettre de M. de [illegible] que
vous venez de [illegible] en [illegible] que [illegible] au marquis
de feu [illegible] toujours [illegible] [illegible] de [illegible], je
vais vous faire [illegible] de [illegible] [illegible] ce [illegible].
[illegible] [illegible] [illegible] elle [illegible], et la
[illegible] [illegible] le [illegible] de [illegible] [illegible] et les
autres officiers au [illegible] de que [illegible] pour lui, il
[illegible] [illegible] qu'il [illegible] [illegible] au prisonnier [illegible] la [illegible] [illegible] [illegible] [illegible]
[illegible] [illegible] [illegible] [illegible] de [illegible]
[illegible] XIV [illegible] de [illegible] a pour [illegible]
[illegible] que [illegible] [illegible] de [illegible] [illegible]
[illegible] [illegible] [illegible] [illegible] [illegible]
[illegible] [illegible] [illegible] [illegible] pour [illegible]
[illegible], ou qu'il [illegible] [illegible], de [illegible] [illegible] jusqu'a

étranger.

Le S.r de Bl[illegible] officier [illegible] particulier qui [illegible]
avec [illegible] S. de [illegible] a [illegible] [illegible] très idées
[illegible] qu'[illegible], et depuis de la Bastille, m'a
dit plusieurs fois que le S.r de la Tour avoit
beaucoup excité sa curiosité pour le solitaire il
avoit pris l'habit et les armes d'un soldat qui devoit
être en sentinelle dans [illegible] sous les fenêtres
de la [illegible] [illegible] [illegible] [illegible] [illegible] des S.rs [illegible]
que de là l'[illegible] examiné toute la [illegible] qu'il avoit
très [illegible], qu'il [illegible] avoit pour [illegible] [illegible], qu'il étoit
blanc de visage qu'[illegible], et bien [illegible] de corps, [illegible] la
jambe un peu trop [illegible] pour le [illegible], et les [illegible]
[illegible] [illegible] [illegible] que [illegible] de [illegible] de [illegible] il voi[illegible]
[illegible] cette nuit là presque entière à se promener dans
sa chambre. [illegible] [illegible] que [illegible] [illegible] toujours
être le [illegible], qu'on lui donnoit de beau linge, et des
livres, que le S.r [illegible] et les officiers restoient devant
lui [illegible] [illegible] [illegible] jusqu'à ce qu'il les [illegible] [illegible] [illegible]

alloient; qu'ils alloient ensemble faire un voyage, ou
manger ensemble.

1658. M. de [illegible] valla auga [illegible] ensem[illegible] la
bataille [illegible] il s'y [illegible]
[illegible] à la [illegible] tel [illegible]
[illegible] dans [illegible] la [illegible] S[t] [illegible]
ils [illegible] accompagné [illegible] [illegible] [illegible] de [illegible] les
paisans all[illegible] [illegible] [illegible] [illegible] e[t] de S[illegible]
[illegible] avec [illegible] prisonniers qui avoit des
[illegible] à [illegible] de la [illegible] [illegible] [illegible]
[illegible] les paisans que j'ai interrogés ne p[illegible]
[illegible] avec [illegible] masque; mais ils [illegible]
[illegible] que de S[illegible] [illegible] à [illegible] vins
[illegible] [illegible] [illegible] [illegible] il
[illegible] il [illegible] [illegible] [illegible]
[illegible] [illegible] [illegible] [illegible] [illegible]
[illegible] [illegible] [illegible] [illegible] [illegible] a porté
[illegible] [illegible] [illegible] [illegible] [illegible]
la [illegible] [illegible] [illegible] masque avec [illegible]
les paisans en [illegible] [illegible] [illegible] [illegible] [illegible]

lettres; qu'il étoit grand [de] avoir les cheveux blancs.

M. [illegible] comte [illegible] qu'on lui a[voit]
donné près de [illegible] de l'homme [illegible]. M. de
[illegible] chaque [illegible] de [illegible] née en 1704.
on l'attendoit [illegible] qu'[illegible]
[bierceau] des [illegible] quel poin[t] [illegible] tout le corps. je l'ai
point [illegible] qu'il [illegible] ne [illegible] ni que.

[Vous] je [illegible] rencontrer, l'âge qu'il [illegible] plaira de ces
[illegible] qui [illegible] par[illegible] appuyer aucun des
conjectures que l'on a tirée[s] jusqu'à présent sur l'état de
ce malheureux prisonnier. J'ai l'honneur d'être [illegible]
[Selleau] au château de [illegible] près [illegible] en [illegible]
Troyes [illegible] 1768.

LETTRE

DE M. DE SAINTFOIX,

Au sujet *de l'homme au Masque de fer.*

A AMSTERDAM,

Et se trouve à PARIS,

Chez VENTE, Libraire, au bas de la
Montagne Sainte Geneviève.

M. DCC. LXVIII.

LETTRE

DE M. DE SAINTFOIX,

Au ſujet *de l'homme au Maſque de fer.*

IL eſt certain qu'il y a eu à la Baſtille un priſonnier à qui il étoit défendu, ſous peine de la vie, de ſe faire connoître, & qu'on obligeoit de porter un maſque de fer, pour qu'il ne fût pas reconnu. Je vais d'abord raporter tout ce qu'on a dit & les differentes conjectures qu'on a hazardées ſur ce priſonnier; j'en démontrerai la fauſſeté ; enſuite on verra les éclairciſſemens que je crois avoir eus ſur cette anecdote miſterieuſe.

A iij

» Le (1) Comte de Vermandois ,
» dit l'Auteur des *Mémoires secrets*
» *pour servir à l'histoire de * Perse ,*
» fut élevé avec tout le soin possi-
» ble ; il étoit beau, bienfait, plein
» d'esprit, mais fier , emporté, & ne
» pouvant prendre sur lui de rendre
» au (2) Dauphin le respect qu'il de-
» voit à un Prince né pour être un
» jour son Roi. Ces deux jeunes
» Princes, à peu près de même âge,
» étoient de caractère oposé. Le
» Dauphin aussi bien partagé que le
» Comte de Vermandois du côté
» des agrémens, l'emportoit infini-
» ment par sa douceur, son affabi-
» lité & la bonté de son cœur ; c'é-
» toient ces qualités qui le rendoient
» l'objet des mépris du Comte de

* De France.

----

(1) Sous le nom de *Giafer*. Il étoit fils
de Louis XIV & de Mlle de la Valiere.
(2) Sous le nom de *Sephi-Mirza.*

» Vermandois ; il ne laiſſoit échaper
» aucune occaſion de dire qu'il plai-
» gnoit les François d'être deſtinés
» à obéir un jour à un Prince ſans
» eſprit & ſi peu digne de les com-
» mander. Louis XIV (1) à qui l'on
» rendoit compte d'une pareille con-
» duite , en ſentoit toute l'irrégula-
» rité ; mais l'autorité cedoit à l'a-
» mour paternel, & ce Monarque ſi
» abſolu n'avoit pas la force d'en
» impoſer à un fils qui abuſoit de ſa
» tendreſſe. Enfin le Comte de Ver-
» mandois s'oublia un jour au point
» de donner un ſoufflet au Dauphin.
» Louis XIV en eſt auſſitôt infor-
» mé ; il tremble pour le coupable ,
» mais quelque envie qu'il ait de
» feindre d'ignorer cet atentat , ce
» qu'il ſe doit à lui-même & à ſa cou-
» ronne , & l'éclat que cette action
» avoit fait à la Cour , né lui per-

____

(1) Sous le nom de *Cha-abas*.

» mettent pas d'écouter fa tendreffe.
» Il affemble , non fans fe faire vio-
» lence , fes confidens les plus inti-
» mes ; il leur laiffe voir toute fa
» douleur , & leur demande confeil.
» Atendu la grandeur du crime &
» conformément aux Loix de l'État,
» tous opinerent à la mort. Quel
» coup pour un pere fi tendre ! ce-
» pendant un des Miniftres, plus fen-
» fible que les autres à l'affliction de
» Louis XIV , lui dit qu'il y avoit
» un moyen de punir le Comte de
» Vermandois fans lui ôter la vie ;
» qu'il falloit l'envoyer à l'armée qui
» étoit pour lors fur les frontieres de
» Flandres ; que peu après fon ar-
» rivée , on femeroit le bruit qu'il
» étoit attaqué de la pefte , afin d'é-
» frayer & d'écarter de lui tous ceux
» qui auroient envie de le voir ;
» qu'au bout de quelques jours de
» cette feinte maladie , on le feroit

» passer pour mort , & que tandis
» qu'aux yeux de toute l'armée , on
» lui feroit des obseques dignes de
» sa naissance , on le transfereroit de
» nuit , avec un grand secret , à la
» Citadelle de (1) l'Isle Ste Margue-
» rite. Cet avis fut généralement
» aprouvé , & surtout par un pere
» affligé ; on choisit des gens fideles
» & discrets pour la conduite de
» cette affaire. Le Comte de Ver-
» mandois part pour l'armée avec
» un équipage magnifique ; tout s'e-
» xécute ainsi qu'on l'avoit projetté ,
» & pendant qu'on pleure au camp la
» mort de cet infortuné Prince , on
» le conduit par des chemins détour-
» nés à l'Isle Ste Marguerite , & on
» le remet entre les mains du Com-
» mandant qui avoit reçu d'avance
» ordre de Louis XIV de ne laisser
» voir son prisonnier à qui que soit.

____

(1) Sous le nom de *l'Isle d'Ormus.*

A v

RÉPONSE.

LE narrateur de cette méprisable anecdote, commence par dire que le Dauphin & le Comte de Vermandois *étoient à peu près de même âge;* le Dauphin, né le premier de Novembre 1661, étoit plus âgé de six ans, que le Comte de Vermandois, né le deux Octobre 1667. Lors du prétendu soufflet, le Comte de Vermandois avoit seize ans; le Dauphin en avoit vingt-deux, étoit marié & avoit déjà un fils, le Duc de Bourgogne; ainsi ce n'étoient pas deux enfans de douze ou treize ans, qui vivant & jouant ensemble, peuvent en venir à se fâcher, se quereller & même se frapper. Le Comte de Vermandois, loin d'être fier & emporté, étoit doux, poli, caressant, mais très-débauché. Vers la fin

[11]

de l'année 1682, Louis XIV l'a-
voit banni de la Cour avec quelques autres jeunes gens, à caufe de
leurs débauches ; il n'eut la permif-
fion d'y reparoître que vers la fin
d'Octobre 1683, pour prendre con-
gé en partant pour fa premiere cam-
pagne ; & comme il ne refta que
quatre jours à la Cour, il faudroit
qu'il eut commis l'atentat en quef-
tion l'un de ces quatre jours ; or on
va voir par le récit d'une perfonne
qui devoit être bien inftruite, qu'il
étoit alors très matté, très mortifié
& très éloigné de fe porter à de pareils excès d'emportement : » M. de
» Vermandois, dit Mlle de Mont-
» penfier, partit pour aller au fiege
» de Courtrai ; il y avoit peu qu'il
» étoit revenu à la Cour ; le Roi n'a-
» voit pas été content de fa condui-
» te, & ne vouloit point le voir ; il
» s'étoit trouvé dans des parties de

A vj

Préfident
Heinault.
ann. 1682.

Mémoires de
Mlle de Mont-
penfier. **T.** 7.
p. 90. & 92.

» débauche ; il étoit fort retiré , fans
» voir perfonne ; il ne fortoit que
» pour aller à l'Académie , & le
» matin à la Meffe ; ceux qui avoient
» été avec lui n'étoient pas agréa-
» bles au Roi ; cela donna beaucoup
» de chagrin à Madame de la Va-
» liere ; il fut bien prêché ; il fit une
» confeffion générale , & on croyoit
» qu'il fe fût fait un fort honnête
» homme. ... Il tomba malade , au
» fiége de Courtrai , d'avoir bû
» trop d'eau-de-vie ; on dit qu'il
» avoit donné de grandes marques
» de courage , & l'on ne parloit de
» fon efprit & de fa conduite que
» comme l'on a accoutumé , felon
» que l'on aime les gens. . . M. de
» Laufun ne me parla que de la perte
» que le Roi & l'État avoient faite
» en M. de Vermandois , & le met-
» toit au - deffus des plus grands
» hommes qui euffent jamais été. Je

» lui dis, moderez ces louanges pour
» qu'on les puiſſe croire ; un homme
» de cet âge ne peut avoir toutes les
» qualités que vous lui donnez.

 » On vient de perdre M. de Ver-
» mandois, dit la Préſidente d'O-
» ſembrai dans une lettre au Comte
» de Buſſi Rabutin ; » il laiſſe de lui
» des regrets infinis ; il avoit donné
» tant de marques d'un Prince ex-
» traordinaire, que le regret de ſa
» mort eſt une douleur publique.
» Vous ne ſçauriez vous imaginer
» combien il étoit liberal & toutes
» les manieres qu'il trouvoit pour
» obliger. Il faiſoit des paris, étant
» ſûr de perdre, contre des gens
» qu'il ſçavoit bien qui n'auroient
» pas pris ſon argent. Il en envoyoit
» porter ſur une table chez des Offi-
» ciers qu'il ſçavoit en avoir beſoin,
» ſans qu'on ſçut de quelle part cela
» venoit. Il a caché trois jours de

Lettres de M. de Buſſi Rabutin. T. 5. p. 484.

» fievre , pour ſe trouver à une ex-
» pédition de guerre. Après cela,
» vous n'aurez pas de peine à croire
» que le Roi a été très touché de ſa
» mort. Madame la Princeſſe de
» Conti (ſa ſœur) en eſt inconſo-
» lable. Madame de la Valiere eſt
» tout le jour au pied de ſon cruci-
» fix. On partage cette douleur à
» l'hôtel de Condé ; car le mariage
» de ce Prince avec Mlle de Bour-
» bon , étoit preſque aſſuré. «

On a vû que l'Auteur des *Mémoires ſecrets* dit que l'atentat du Comte
de Vermandois fit beaucoup d'éclat
à la Cour , & certainement il y a
toujours trop de perſonnes auprès
du Dauphin , pour qu'une action ſi
énorme & ſi inouie n'eut pas été dans
l'inſtant publique : or eſt-il naturel
que Mlle de Montpenſier & Madame
d'Oſembrai n'en euſſent point parlé , & que dans aucun des Mémoires

de ce temps-là il n'en foit pas dit un feul mot ? Eft-il naturel que M. de Laufun & Madame d'Ofembrai euffent prodigué les plus grands éloges à un Prince qui tout recemment venoit de donner des preuves de l'emportement le plus inconcevable , & qu'on auroit à peine excufé en difant qu'il étoit devenu fou ?

L'atentat ayant fait beaucoup d'éclat , continue l'Auteur des Mémoires fecrets , ce que Louis XIV fe devoit à lui-même & à fa couronne , ne lui permettoit pas d'écouter fa tendreffe ; il affemble fes confidens les plus intimes &c. Le réfultat de cette affemblée , eft de punir le coupable , mais de prendre toutes les mefures poffibles pour cacher qu'il a été puni ; on lui fait un équipage des plus brillans ; on l'envoye à l'armée ; on feint qu'il y eft attaqué de la pefte ; qu'il en meurt , & tandis qu'on lui

fait à Arras des obseques magnifi-
ques , on le transfere très secrete-
ment au Château de l'Isle Ste Marguerite ; c'est-à-dire que Louis XIV,
ce Monarque si jaloux de sa gloire
& de sa réputation , oublie *ce qu'il*
se doit à lui-même & à sa couronne ,
& s'embarasse peu qu'on dise dans
l'Europe qu'un de ses batards, ayant
insulté d'une façon sanglante le pré-
somptif héritier du trône , n'en a pas
été puni , & qu'au contraire on l'a
envoyé à l'armée avec un équipage
magnifique. Comment peut - on
écrire de pareilles absurdités ?

Suite des Mémoires secrets.

» Le Commandant de l'Isle Ste
» Marguerite traitoit son prisonnier
» avec le plus profond respect ; il le
» servoit lui-même & prenoit les
» plats à la porte de l'apartement de
» la main des cuisiniers dont aucun

» n'a jamais vû le visage du Comte
» de Vermandois. Ce Prince s'a-
» visa un jour de graver son nom
» sur le dos d'une assiete avec la
» pointe d'un couteau ; un esclave
» entre les mains de qui elle tomba,
» crut faire sa cour en la portant au
» Commandant , & se flatta d'être
» récompensé, mais ce malheureux
» fut trompé , & l'on s'en défit sur le
» champ afin d'ensevelir avec cet
» homme un secret d'une si grande
» importance... Le Comte de Ver-
» mandois resta plusieurs années dans
» le Château de l'Isle Ste Margue-
» rite ; on ne l'en ôta que pour le
» transferer à la Bastille , lorsque
» Louis XIV, en reconnoissance de
» la fidelité de ce Commandant, lui
» en donna le gouvernement. Il étoit
» en effet de la prudence de faire
» suivre au Comte de Vermandois
» le sort de celui à qui on l'avoit

» confié , & ç'eut été agir contre
» toutes les regles que de se donner
» un nouveau confident qui auroit
» pû être moins fidele & moins
» exact. On prenoit la précaution ,
» à l'Isle Ste Marguerite & à la Bas-
» tille, de faire mettre un Masque au
» Prince lorsque pour cause de ma-
» ladie , ou pour quelque autre su-
» jet , on étoit obligé de l'exposer à
» la vue de quelqu'un. Plusieurs per-
» sonnes dignes de foi ont affirmé
» avoir vû ce prisonnier masqué , &
» ont raporté qu'il tutoyoit le Gou-
» verneur qui au contraire lui ren-
» doit des respects infinis.

LETTRE de M. de (1) la Grange-Chancel à M. Freron, au sujet de l'homme au Masque de fer.

JE crois, Monsieur, que vous ver-rez avec plaisir l'éclaircissement d'une anecdote que l'Historien du *Siecle de Louis XIV* (M. de Voltaire) ne raporte qu'imparfaitement : voici ce qu'il en dit dans son second volume, Chapitre XXIV.

*Année Littéraire.*T.32, p. 189.

» Quelques mois après la mort du
» Cardinal *Mazarin* (2) il arriva un
» événement qui n'a point d'exem-

---

(1) Il a donné au Théâtre plusieur Tra-gédies.

(2) M. de Voltaire étoit très éloigné de croire que ce prisonnier fût le Comte de Vermandois, puisque, selon lui, il fut trans-feré à l'Isle Sainte Marguerite en 1661, & que le Comte de Vermandois n'étoit né qu'en 1667.

» ple ; & ce qui eſt non moins étran-
» ge , c'eſt que tous les Hiſtoriens
» l'ont ignoré. On envoya dans le
» plus grand ſecret au Château de
» l'Iſle Ste Marguerite , dans la mer
» de Provence , un priſonnier in-
» connu, d'une taille au-deſſus de la
» médiocre , jeune , & de la figure
» la plus belle & la plus noble. Ce
» priſonnier dans la route portoit
» un maſque dont la mentonniere
» avoit des reſſorts d'acier qui lui
» laiſſoient la liberté de manger avec
» le maſque ſur le viſage. On avoit
» ordre de le tuer s'il ſe découvroit.
» Il reſta dans l'Iſle juſqu'à ce qu'un
» Officier de confiance nommé Saint-
» Mars , Gouverneur de Pignerol ,
» ayant été fait Gouverneur de la
» Baſtille en 1690 , l'alla prendre à
» l'Iſle Ste Marguerite , & le con-
» duiſit à la Baſtille toujours maſ-
» qué. Le Marquis de Louvois alla

» le voir dans cette Iſle avant ſa
» tranſlation, & lui parla debout, &
» avec une conſidération qui tenoit
» du reſpect. Cet inconnu fut mené
» à la Baſtille, & logé auſſi bien
» qu'on peut l'être dans ce Château.
» On ne lui refuſoit rien de tout ce
» qu'il demandoit. Son plus grand
» goût étoit pour le linge d'une fi-
» neſſe extraordinaire & pour les
» dentelles. Il jouoit de la guittare ;
» on lui faiſoit la plus grande chere,
» & le Gouverneur s'aſſéyoit rare-
» ment devant lui. Un vieux Méde-
» cin de la Baſtille, qui avoit ſou-
» vent traité cet homme ſingulier
» dans ſes maladies, a dit qu'il n'a-
» voit jamais vû ſon viſage, quoi-
» qu'il eût ſouvent examiné ſa lan-
» gue & le reſte de ſon corps. Il
» étoit admirablement bien fait, di-
» ſoit ce Médecin ; ſa peau étoit un
» peu brune. Il intéreſſoit par le

» feul fon de fa voix , ne fe plai-
» gnant jamais de fon état , & ne
» laiffant point entrevoir ce qu'il
» pouvoit être. Un fameux Chirur-
» gien , gendre du Médecin dont je
» parle, eft témoin de ce que j'a-
» vance , & M. de Bernaville , fuc-
» ceffeur de Saint-Mars, l'a fouvent
» confirmé. Cet inconnu mourut
» en 1704 , & fut enterré la nuit
» à la paroiffe S. Paul. Ce qui re-
» double l'étonnement , c'eft que
» quand on l'envoya aux Ifles Ste
» Marguerite , il ne difparut dans
» l'Europe aucun homme confidé-
» rable... M. de Chamillard fut le
» dernier Miniftre qui eut cet étran-
» ge fecret. Le fecond Maréchal de
» la Feuillade , fon gendre , m'a dit
» qu'à la mort de fon beau-pere il le
» conjura à genoux de lui apprendre
» ce que c'étoit que cet inconnu
» qu'on ne connut jamais que fous

» le nom de *l'homme au Masque de*
» *fer*; Chamillard lui répondit que
» c'étoit le secret de l'État, & qu'il
» avoit fait serment de ne le révé-
» ler jamais. «

Suite de la Lettre de M. de la Grange-Chancel.

LE séjour que j'ai fait aux Isles Ste Marguerite, où cet événement n'étoit plus un secret d'État dans le temps que j'y arrivai, m'en a appris des particularités qu'un Historien, plus exact (1) dans ses recherches, auroit pû sçavoir comme moi, s'il s'étoit donné la peine de s'en instruire. Cet événement extraordinaire qu'il place en 1661, quelques mois après la mort du Cardinal Mazarin, n'est

(1) Il regne dans cette Lettre un ton peu honnête & peu convenable à l'égard d'un homme aussi illustre que M. de Voltaire.

[24]

arrivé qu'en 1669, huit ans après la
mort de cette Eminence. M. de la
Motte Guérin , qui commandoit
dans ces Ifles du temps que j'y étois
détenu (1), m'affura que ce prifonnier
étoit le Duc de Beaufort qu'on di-
foit avoir été tué au fiege de Candie,
& dont on ne put trouver le corps
fuivant toutes les relations de ce
temps - là. Il me dit auffi que le
fieur de Saint-Mars , qui obtint le
gouvernement de ces Ifles après celui de Pignerol , avoit de grands
égards pour ce prifonnier ; qu'il le
fervoit toujours lui-même en vaif-
felle d'argent , & lui fourniffoit fouvent des habits auffi riches qu'il paroiffoit le defirer ; que dans les maladies où il avoit befoin de Médecin
ou de Chirurgien , il étoit obligé ,

fur

____

(1) Comme Auteur des Philippiques.

[25]

fur peine de la vie, de ne paroître
en leur préfence qu'avec fon mafque
de fer, & que lorfqu'il étoit feul, il
pouvoit s'amufer à s'arracher le poil
de la barbe avec des pincettes d'acier
très-luifant & très-poli. J'en vis une
de celles qui lui fervoient à cet ufage
entre les mains du Sieur de Forma-
noir, neveu de Saint-Mars, & Lieu-
tenant d'une Compagnie Franche
prépofée pour la garde des prifonniers. Plufieurs perfonnes m'ont raconté que lorfque Saint-Mars alla
prendre poffeffion du gouvernement
de la Baftille où il conduifit fon prifonnier, on entendit ce dernier qui
portoit fon mafque de fer, dire à
fon conducteur : *Eft-ce que le Roi en
veut à ma vie ? Non, mon Prince, ré-*
pondit Saint-Mars ; *votre vie eft en
fûreté ; vous n'avez qu'à vous laiffer
conduire.* J'ai fçu de plus d'un nommé Dubuiffon, Caiffier du fameux

B

Samuel Bernard, qui après avoir été quelques années à la Baftille, fut conduit aux Ifles Ste Marguerite, qu'il étoit dans une chambre avec quelques autres prifonniers précifément au-deffus de celle qui étoit occupée par cet inconnu ; que par le tuyau de la cheminée ils pouvoient s'entretenir & fe communiquer leurs penfées ; mais que ceux-ci lui ayant demandé pourquoi il s'obftinoit à leur taire fon nom & fes avantures, il leur avoit répondu que cet aveu lui coûteroit la vie, auffi bien qu'à ceux auxquels il auroit révélé fon fecret.

D'ailleurs, fi l'on confidere l'efprit remuant du Duc de Beaufort & la part qu'il eut à tous les mouvemens de Paris du temps de la Fronde, peut-être ne fera-t-on pas furpris du parti violent qu'on prit pour s'en affurer, d'autant plus que l'A-

mirauté dont il s'étoit fait donner
la furvivance , le mettoit journelle-
ment en état de traverfer les grands
deffeins de M. Colbert chargé du
Département de la Marine. Cet
Amiral , qui paroiffoit fi dangereux
à ce Miniftre , fut remplacé , felon
fes intentions , par le Duc de Vermandois , fils du Roi & de la Ducheffe de la Valiere , lequel n'avoit
alors que deux ans.

Enfin ceux qui voudront fuputer
l'âge que pouvoit avoir le Duc de
Beaufort lorfqu'il mourut à la Baftille en 1704 , n'ont qu'à fe rapeller
que la Ducheffe de Nemours fa con-
temporaine mourut prefqu'en même
temps que celui qui fut l'auteur de
fon veuvage par le duel qui la priva
de fon époux.

Quoi qu'il en foit, aujourd'hui que
le nom & la qualité de cette victime
de la politique ne font plus des fe-

crets où l'État ſoit intéreſſé, j'ai cru
qn'en inſtruiſant le public de ce qui
eſt venu à ma connoiſſance, je de-
vois arrêter le cours des idées que
chacun s'eſt forgé à ſa fantaiſie ſur la
foi d'un Auteur qui s'eſt fait une
grande réputation par le merveil-
leux joint à l'air de vérité qu'on ad-
mire dans la plûpart de ſes écrits,
même dans la vie de Charles XII.

Je ſuis, &c. LA GRANGE-CHANCEL.

RÉPONSE,

LE Duc de Beaufort avoit pû être un des chefs de la Fronde , & causer des troubles dans l'État , comme les autres Princes , pendant une minorité que differentes circonstances rendirent très-orageuse ; mais les temps & les esprits étoient bien changez ; Louis XIV , adoré , admiré de ses sujets , respecté de tous ses voisins , jouissoit en 1669 d'une paix glorieuse , après être revenu triomphant des conquêtes qu'il avoit entreprises. Jamais l'autorité Royale n'avoit été mieux affermie, plus absolue, & certainement le Duc de Beaufort ne pouvoit pas alors être à craindre ; pourquoi donc auroit-on employé tant de précautions & de mysteres pour le mettre dans une prison , & pour cacher qu'il y étoit? La

détention du Grand Condé même ;
fi on avoit jugé à propos de le faire
arrêter, n'auroit pas caufé la moin-
dre emeute.

Il y avoit plus de dix ans que le
Duc de Beaufort étoit rentré dans
fon devoir, & depuis ce temps-là on
n'avoit rien eu à lui reprocher.
Chargé de toutes nos expéditions
maritimes depuis 1664 jufqu'à fa
defcente en Candie en 1669, il s'é-
toit comporté avec tout le zele, le
courage & la fidelité poffibles ; peut-
on fupofer que Louis XIV ait condamné un Prince à une prifon per-
pétuelle, parce que ce Prince, dans
fa charge d'Amiral, *auroit pû traverfer les deffeins de M. Colbert fur la
Marine ?* Ne peut-on pas déplacer,
ou ne point employer un Amiral ?

Tous les oui-dire par lefquels on
fçut qu'il y avoit à l'Ifle Ste Marguerite un prifonnier qu'on obligeoit

de porter un mafque de fer , s'accor-
doient à lui donner *un air jeune &*
très-noble ; le Duc de Beaufort , en
1636 , s'étoit jetté dans Corbie ,
affiégée par les Efpagnols ; il devoit
donc avoir au moins près de cin-
quante ans en 1669 ; tous les Mémoires où il eft parlé de lui , dès le
temps même de fa jeuneffe , difent
qu'il étoit d'une grande taille , affez
bien fait , mais qu'il avoit l'air com-
mun ; qu'il fe tenoit & marchoit
mal ; qu'il étoit toujours groffiere-
ment vêtu , & que cette négligence
fur toute fa perfonne alloit jufqu'à
(1) la malpropreté. Cela ne s'accor-
de pas avec le récit de M. de la
Grange-Chancel : *on m'affura* , dit-il ,
qu'on lui fourniffoit fouvent des habits

----

(1) Deffaut dont fes neveux , M. de Ven-
dome & le Grand-Prieur , fembloient avoir
herité.

B iv

auſſi riches qu'il paroiſſoit le deſirer.
Il ſeroit aſſez ſingulier que le Duc
de Beaufort, en vieilliſſant & en pri-
ſon, fût devenu curieux en habits.

A l'égard de ſa mort, voici ce que
raporte un témoin oculaire, le Marquis de S. André Montbrun, qui
commandoit dans Candie : » M. de
» Beaufort, dit-il, n'atendit pas
» qu'il fut jour pour donner le ſignal
» de l'attaque ; les François dont on
» avoit fait trois corps, donnerent
» ſur les retranchemens des ennemis
» avec une valeur incroyable, mais
» le déſordre ſe mêla bientôt parmi
» eux ; dès que les premiers eurent
» donné, ils s'ouvrirent pour laiſſer
» le paſſage aux autres ; ceux-ci les
» voyant avec des meches allumées,
» crurent que c'étoient des ennemis
» & tirerent ſur eux ; les longues veſ-
» tes de ſept ou huit Arméniens qui
» ſervoient de guides aux premiers,

*Memoire
de S. André
Montbrun,
p. 362, 363,
& 365.*

» aiderent aux autres à se tromper ;
» le jour naissant découvrit bientôt
» cette méprise . . . . . Tandis que M.
» de Beaufort tâchoit de les rallier, il
» fut tué & confondu dans la foule
» des morts . . . . On n'a jamais bien
» sçû comment M. de Beaufort fut
» tué, mais on sçait que le Grand-
» Visir envoya sa tête à Constanti-
» nople où elle fut portée pendant
» trois jours par les rues, au bout
» d'une pique, comme une marque
» de la défaite des Chrétiens. «

On voit dans ces mêmes Mémoires, p. 344, que dans une attaque
précédente, *cent vingt François de
distinction furent tuez, & que leurs
têtes furent mises au bout d'autant de
piques, & exposées pendant trois jours
dans le camp des Turcs.*

Notre Ambassadeur à Constan-
tinople, voulant, dans certaines
circonstances, rapeller au Grand-

Vifir Cuproli Ogli ‚ fils de Mehemet Cuproli , notre ancienne alliance avec l'Empire Ottoman ‚ je ne fçais pas ‚ lui dit ce Vifir ‚ fi les François font nos alliés ‚ mais nous les trouvons fréquemment parmi nos ennemis ; ils étoient fix mille. dans l'armée des Allemans au paffage (1) du Raab ; la même * année ‚ votre Amiral Beaufort attaqua Gigeri , & continua l'année fuivante à faire une guerre cruelle aux Maures qui font fous notre protection & ce même Amiral étoit encore venu ‚ avec beaucoup de François ‚ pour fecourir Candie.

* 1664.

On vient de voir trois opinions differentes fur le prifonnier au mafque de fer. M. de Voltaire dit qu'il n'a pû fçavoir qui il étoit , mais qu'on l'envoya dans le plus grand fecret au Château de l'Ifle Ste Mar-

____

(1) Combat de S. Godart où les François fe fignalerent.

guerite en 1661. M. de la Grange-Chancel foutient qu'il n'y fut envoyé qu'en 1669, & que c'étoit le Duc de Beaufort. L'Auteur des Mémoires fecrets pour fervir à l'hiftoire de Perfe, prétend qu'il n'y fut conduit qu'à la fin de l'année 1683, & que c'étoit le Comte de Vermandois. Ce prifonnier n'y arriva qu'au mois d'Août 1685 : c'étoit le Duc de Monmouth, fils de Charles II Roi d'Angleterre & de Lucie Valters. L'extrême affection que le peuple avoit pour lui, & l'idée que la nation Angloife, quoiqu'elle femblât s'être foumife à Jacques II, n'atendoit qu'un chef pour chaffer du thrône un Roi *Papifte*, lui firent former une entreprife qui auroit pû lui réuffir fi elle n'avoit pas été fi prématurée. Il débarqua à Lime, dans le Comté de Dorfet, n'ayant gueres que cent vingt hommes à fa fuite ; il

fe trouva bientôt à la téte de près de
fix mille ; quelques villes fe déclare-
rent pour lui ; il s'y fit proclamer
Roi, foutenant que fa naiffance étoit
légitime & qu'il avoit le contrat &
les preuves du mariage de Charles II
avec (1) fa mere. Il attaqua près de
Bridgevater, l'armée Royale com-
mandée par Milord Feversham ;
après trois heures de combat, la vic-
toire commençoit à fe déclarer pour
lui, lorfque la poudre & les balles
manquerent à fes troupes ; la lâcheté
du Lord Grai, qui commandoit fa
cavalerie, acheva de les découra-
ger ; elles prirent la fuite ; le malheureux Monmouth ne put échaper à ceux qui le pourfuivoient ; il
fut conduit à Londres & condamné

---

(1) Le Duc de Monmouth étoit né près
de dix ans avant le rétabliffement de Charles II fur le thrône.

à être décapité le 15 Juillet 1685.
Tous les historiens raportent qu'il
étoit très brave , très affable, d'un
caractere doux & d'une figure très-
noble & très belle. *Telle fut* , dit M.
Hume , *à l'âge de trente-six ans , la
fin d'un Seigneur que ses belles qualités auroient pû rendre l'ornement de la
Cour & capable de bien servir la patrie. La tendresse que le Roi son pere
avoit eue pour lui , les caresses d'une
nombreuse faction , & les amorces de
l'affection populaire , l'avoient engagé
dans une entreprise superieure à ses
forces. L'amour du peuple le suivit
dans toutes les varietés de sa fortune.
Après son exécution même , ses parti-
sans conserverent l'espérance de le re-
voir à leur tête ; ils se flaterent que
le prisonnier qu'on avoit executé, n'é-
toit pas le Duc de Monmouth , mais
quelqu'autre qui lui ressemblant beaucoup , avoit eu le courage de mourir*

à sa place & de lui donner cette preuve
de son extrême attachement.

Il est certain que le bruit courut
dans Londres qu'un Officier de son
armée, qui lui ressembloit beaucoup,
fait prisonnier, & sûr d'être condamné à mort, avoit reçu la pro-
position de passer pour lui avec autant de joie que si on lui eut accordé
la vie; & que sur ce bruit, une grande Dame ayant gagné ceux qui pouvoient ouvrir son cercueil, & lui
ayant regardé le bras droit, s'étoit
écriée, *ah ! ce n'est pas lui.*

Quelques jours après que le Roi Jac-
ques eut abandonné ses Royaumes, dit
l'Auteur d'un Livre qui a pour ti-
tre, Amours de Charles II & de Jac-
ques II, Rois d'Angleterre, le Com-
te Danby envoya chercher le Colonel
Skelton , qui avoit eu ci-devant la
lieutenance de la Tour, & à qui le
Prince d'Orange l'avoit ôtée pour

P. 74 & 75,
premiere
Partie.

la donner au Lord Lucas : M. Skelton, lui dit le Comte Danby, hier en soupant avec Robert Johnston, vous lui dites que le Duc de Monmouth étoit vivant, & qu'il étoit enfermé dans quelque château, en Angleterre : je n'ai point dit qu'il étoit vivant & enfermé dans quelque Château, puisque je n'en sçais rien, repondit Skelton ; mais j'ai dit que la nuit d'après la prétendue exécution du Duc de Monmouth, le Roi accompagné de trois hommes, vint lui même le tirer de la Tour ; qu'on lui couvrit la tête d'une espèce de capuchon, & que le Roi & les trois hommes entrerent avec lui dans un carosse.

Je sçais le peu de cas qu'on doit faire de ce qui est raporté dans des livres pareils à celui que je viens de citer, & dont les Auteurs ne cherchent qu'à amuser leurs lecteurs en mélant des fictions agréables à quelques vérités ; mais cette anecdote, vraie ou fausse, m'a rapellé ce que d'autres & moi avons entendu raconter plus d'une fois au pere Tournemine. Étant allé faire vifite à la Ducheffe de Porfmouth, avec le confeffeur du Roi Jacques, le pere Sanders, elle leur dit, dans une fuite de converfation, qu'elle reprocheroit toujours à la mémoire de ce Prince, l'exécution du Duc de Monmouth, après que Charles II, à l'heure de la mort, & prêt à communier, lui avoit fait promettre devant l'hoftie que Huldefton, Prêtre Catholique, avoit fecrêtement aportée, que quelque révolte que tentât le Duc de Monmouth, il ne le feroit jamais punir de mort : auffi ne l'a-t-il pas fait, repondit avec vivacité le pere Sanders.

Nelaton, chirurgien Anglois, alloit tous les matins au caffé de Procope ; il y a raconté plufieurs fois qu'étant premier garçon chez

un

un Chirurgien , près de la porte S.
Antoine, on vint un jour le chercher pour une faignée , & qu'on le
mena à la Baftille ; que le Gouverneur l'introduifit dans la chambre
d'un prifonnier qui avoit la tête cou-
verte d'une longue ferviette nouée
derrierre le cou ; que ce prifonnier
fe plaignoit de grands maux de tête ;
que fa robe de chambre étoit jaune
& noire à grandes fleurs d'or , &
qu'à fon accent , il avoit très-bien
remarqué qu'il étoit Anglois.

Le bruit courut, en Provence ,
qu'il y avoit à la Citadelle de l'Ifle
Sainte-Marguerite, un prince Turc ,
nommé Macmouth , qu'on y gar-
doit avec beaucoup de précautions ;
ne feroit il pas affez vraifemblable
qu'un matelot provençal , plus fa-
miliarifé avec les noms de Mufta-
pha , de Selim , de Macmouth
qu'avec les noms Anglois, ait cru

lire Macmouth fur l'affiete d'argent jettée par la fenêtre, & où d'ailleurs le nom de Monmouth écrit avec la pointe d'un couteau, pouvoit ne pas être trop lifible.

Outre que le Duc de Monmouth étoit d'une figure (1) diftinguée, il eut été très difficile de le tenir bien caché en Angleterre ; d'ailleurs il n'étoit pas poffible que Jacques II ne réflechit quelque fois qu'un Roi Catholique Romain ne pourroit jamais être fort agréable aux Anglois ; que dans ce Royaume, les factions fe

______

(1) On prétend qu'il avoit été paffionnément aimé de plufieurs femmes, entr'autres de la Princeffe d'Orange, pendant le féjour qu'il fit en Hollande. On lit dans les Mémoires de M***, pour fervir à l'hiftoire du dix-feptiéme Siecle, T. 3, p. 255, que la nouvelle de fa mort infpira à cette Princeffe la haine la plus violente contre fon pere que dans la fuite elle parvint à déthroner.

forment & que les troubles s'y élevent
très-aifément ; que le Gouverneur
d'une forterefte ou d'une ville s'y croit
moins placé par le Roi que par la
nation, & que s'il imagine qu'il eft
de l'intérêt de la patrie de délivrer
un prifonnier, il ne tardera pas à le
mettre en liberté. Lié par un fer-
ment folemnel, par la reconnoif-
fance & le refpect qu'il devoit à la
mémoire d'un frere * qui l'avoit tou- * Charles II.
jours beaucoup aimé, Jacques II,
en accordant la vie au Duc de Monmouth, penfa donc qu'il feroit hors
de toute inquiétude à fon égard, en
le faifant paffer en France, & que
Louis XIV, quand même leurs in-
térêts communs changeroient, étoit
incapable de jamais trahir fa confiance.

Enfin qu'on cherche, qu'on life,
qu'on réfléchiffe fur tous les événe-
mens de ces temps-là, trouvera-t-on,

je ne dis pas feulement en France ;
mais même dans toute l'Europe,
quelque Prince à l'égard de qui l'on
puiffe imaginer qu'il ait été de la plus
grande importance qu'on ignorât fa
détention & qu'on prît toutes les précautions qu'on prenoit pour cacher
qui étoit le prifonnier au Mafque de
fer ? Je n'en vois aucun, excepté le
Duc de Monmouth.

F I N.